PLAIDOIRIE

ET RÉPLIQUE

DE Me MERMILLIOD

DEVANT LA COUR D'ASSISES DE LA SEINE,

du 8 novembre 1831,

Sur la poursuite intentée contre le citoyen FEUTRÉ, auteur de deux écrits en forme de tableaux, l'un intitulé : *Appel à tous les Patriotes lassés du joug de l'absolutisme, ou de la nécessité d'expulser les jésuites de l'Europe constitutionnelle, et d'opposer un frein puissant et prompt à l'intolérance du clergé catholique ; tableau exact de toutes leurs menées et intrigues.* L'autre ayant pour titre : *Souvenirs des* 27, 28 *et* 29 *juillet* 1830.

PARIS.

SE DISTRIBUE CHEZ
LE DOYEN, LIBRAIRE AU PALAIS-ROYAL,
galerie d'orléans, n. 33;
ET CHEZ
LES PRINCIPAUX LIBRAIRES DE PARIS ET DES DÉPARTEMENS.

1831.

Traduit devant la Cour d'assises sous la double prévention d'avoir outragé et tourné en dérision la religion catholique, et d'avoir cherché à troubler la paix publique, en excitant la haine et le mépris contre Messieurs du clergé, par la publication de deux écrits en forme de tableaux, l'un intitulé : *Appel à tous les Patriotes lassés du joug de l'absolutisme*, etc. (1). L'autre ayant pour titre : *Souvenirs des* 27, 28 *et* 29 *juillet* 1830, j'ai eu la satisfaction de voir mes intentions disculpées et mon acquittement prononcé, sur les plaidoiries de Me MERMILLIOD, mon défenseur. Ces plaidoiries qui ont produit, la réplique surtout, une impression si marquée, m'ont semblé d'autant plus utiles à publier dans les circonstances présentes, quelles revèlent le but de mes écrits, et qu'elles font éclatante justice des accusations sur lesquelles le jury s'est prononcé avec autant d'équité que de haute raison. J'ai donc cru devoir, pour justifier mes intentions et ma réputation de BON CITOYEN, publier ces deux morceaux, d'après les notes sténographiées à l'audience avec la fidélité scrupuleuse qu'imposait le but que je remplis aujourd'hui.

FEUTRÉ.

(1) Ce Tableau, d'un prix très modique, mis à la portée des classes ouvrières, donne le récit exact des crimes horribles dont les prêtres se sont rendus coupables, et fait voir d'un seul coup-d'œil tout ce que l'horreur du jésuitisme inspire. Il dévoile en outre les pratiques absurdes, les momeries ridicules, les jongleries effrontées pour lesquelles on défigure et on exploite la religion. Il signale enfin toutes les supercheries de ces prêtres audacieux et perfides accoutumés à s'enrichir par le mensonge et à se venger par la trahison. Ce Tableau contient la matière de 350 pages d'un volume in-8° et ne se vend que 1 **FRANC 25 CENTIMES**, franc de port. A Paris, chez LE DOYEN, libraire, Galerie d'Orléans, n. 33, au Palais-Royal. Et dans les départemens, chez les principaux Libraires et Directeurs de postes.

PLAIDOIRIE.

Messieurs les jurés,

Les voilà donc ressuscités ces procès politico-religieux, si fréquens sous la dynastie déchue, et qui sont aussi contraires aux intérêts de la vraie religion qu'aux droits de la pensée! Le pouvoir né de la révolution de 1830 se croirait-il dans le droit et dans la nécessité de suivre les erremens de la restauration, et de défendre comme elle l'absolutisme ultramontain? Rappelez-vous en effet le titre des deux écrits inculpés : Appel *à tous les patriotes lassés du joug de l'absolutisme, ou de la nécessité d'expulser tes jésuites de l'Europe constitutionnelle, et d'opposer un frein puissant et prompt à l'intolérance du clergé catholique. — Tableau exact de toutes leurs menées et intrigues.* N'en ressort-il pas évidemment que c'est contre les jésuites seuls, et la partie du clergé catholique qui partage et exploite leurs doctrines, que ces deux publications sont dirigées, et n'est-il pas étrange que le ministère public paraisse montrer tant de sollicitude pour des hommes que depuis quinze ans on a tolérés, que dis-je, soutenus, comblés de faveurs, mais dont on n'avait jamais osé proclamer l'existence légale. Sur quoi donc repose l'accusation, car en vérité, je ne puis faire à l'auteur de la poursuite l'injure de l'attribuer à un tel motif? Le voici : « à l'abri de votre titre, nous dit-on, vous avez outragé, tourné en dérision la religion catholique, religion de la majorité des Français, et l'un des cultes légalement reconnus ; vous avez de plus cherché à troubler la paix publique en excitant la haine et le mépris contre une classe de personnes (le clergé catholique).» Tels sont donc les deux chefs de prévention sous lesquels nous sommes traduits devant vous.

Avant de les réfuter en détail et successivement, constatons d'abord un fait : c'est que, de l'aveu du ministère public même, le plus petit des deux tableaux n'est que l'extrait de l'autre. C'est donc de celui-ci seulement que je m'occuperai, car c'est celui-ci qui présente, par ses développemens, toute la pensée de l'auteur, qui explique conséquemment le sens qu'il faut attacher à tous les deux. Si donc je montre que dans l'écrit principal les jésuites seuls sont attaqués sous le nom générique de prêtres; qu'ainsi cette qualification de *prêtres*, de *membres du clergé catholique*, quoique générale en apparence par les termes, se restreint dans l'esprit de l'auteur aux seuls jésuites, à leurs fauteurs et sectateurs; si je montre de plus que sous le nom de *catholicisme*, le sieur Feutré n'a voulu flétrir que les erreurs superstitieuses, les pratiques ridicules, les jongleries effrontées par lesquelles on discrédite, on rapetisse la religion chrétienne; si, dis-je, je prouve cette intention de la manière la plus irréfragable par des citations empruntées des écrits mêmes incriminés, j'aurai sans doute réduit au néant des accusations injustes et maladroites. Oh! oui, bien injustes et bien maladroites, car nous pourrions nous étonner à bon droit d'avoir les bénéfices des rigueurs du parquet, lorsque tant d'autres ouvrages sont publiés chaque jour, qui traitent des mêmes matières avec au moins autant de crudité que le sieur Feutré l'a fait, et qui pourtant s'impriment et se débitent paisiblement. Serait-ce parce que ces ouvrages sont de gros livres et que les nôtres ont moins de poids? Serait-ce encore parce qu'ils sont plus ou moins chers et que les nôtres sont à bon marché? En vérité j'espérais que ces distinctions, si étrangement subtiles, des parquets de la restauration, n'auraient plus cours aujourd'hui, et qu'on saurait combien de tels principes de justice distributive, indépendamment de leur arbitraire, sont subversives de la morale et de la justice, puisque la justice et la morale sont unes et absolues. D'ailleurs n'a-t-on pas assez fait l'expérience que des procès du genre de celui-ci sont le moyen le plus propre à répandre et faire lire ce qu'on prétend ensevelir dans l'oubli, et ne se souvient-on plus de ce mot spirituel d'un conseiller au parlement, après un arrêt qui condamnait je ne sais plus quel livre à être brûlé par la main du bourreau : « *Encore un ouvrage dont nous venons de faire la fortune.* »

Qoiqu'il en soit, en ce qui touche le sieur Feutré, la poursuite existe..... Il faut donc la discuter. Ainsi que je l'ai dit, il y a deux chefs de prévention distincts; le premier, qualifié outrage et dérision envers la religion catholique, sera facile à détruire. En fait, je pourrais me borner, messieurs, à vous lire ce passage de l'écrit même, et qui démontre assez le véritable esprit de l'auteur :

« Je proteste d'avance contre toute fausse interprétation de mes » sentimens. Loin de saper les principes salutaires de la religion, « je cherche au contraire à les affermir de tout mon pouvoir. Ce « que j'attaque, et que tout bon citoyen doit attaquer, c'est le stu- « pide préjugé qui enfante la superstition et le fanatisme. Je n'atta- « que, dis-je, que les fourbes et les hypocrites qui, au nom de Dieu « et sous le prétexte de gouverner les consciences, propagent l'i- « gnorance, corrompent et infectent les cerveaux, en attendant « qu'il s'opère de grands changemens dans leurs cœurs. Je voudrais « de la religion sans miracles et de la morale sans mystères. »

Après une telle déclaration de principes, n'est-il pas inutile de s'appesantir longuement sur la défense, et de chercher ailleurs les motifs qui militent pour l'acquittement du prévenu? Mais il y a ici une question de droit qui, dans l'intérêt général de la liberté de de la pensée, ne doit pas être passée sons silence : le sieur Feutré n'attaque que le bigotisme, les pratiques absurdes, les momeries ridicules par lesquelles on défigure et on exploite la religion. Ce n'est donc pas le fond de la religion qu'il attaque, mais la parodie qu'on en fait; j'admets cependant qu'il s'en soit pris à la religion même; et je dis : laissez cette matière au bon sens et à l'arbitraire de chacun; que ces questions restent des questions de controverse, et non des questions gouvernementales; chacun est libre d'accepter ou de rejeter les dogmes, de les discuter, de les critiquer.—Les parquets de la restauration en étaient venus, non sans peine il est vrai, à reconnaître ce droit à tout citoyen. Mais une restriction judaïque amoindrissait singulièrement la largeur de l'interprétation; car il fallait que l'attaque fut révérencieuse, et que la critique ne sentît en rien la dérision, si non l'article 1er de la loi du 25 mars 1822 était là pour faire rentrer dans la gravité l'écrivain qui n'avait pas mis assez de formes dans sa censure. Quelle était l'exacte limite entre la critique permise et la critique défendue, c'est ce qui était fort délicat à établir et ce qui laissait bien de la marge aux réquisitoires. Aussi avons nous vu la liberté religieuse constamment opprimée dans sa manifestation. Doit-il en être de même aujourd'hui ? Vous ne le penserez pas, messieurs, en présence de l'abolition de la *religion d'état*. En effet, l'article 1er de la loi de 1822 qu'on invoque contre nous, avait pour but de protéger surtout cette religion privilégiée, par des pénalités sévères. Ces pénalités on les trouvait bien, il est vrai, étendues par le même article aux outrages commis envers toute autre religion légalement reconnue ; mais, j'interpelle ici tous les souvenirs et toutes les consciences; y a t-il exemple d'une seule poursuite intentée pendant la restauration dans l'intérêt d'aucun de ces divers cultes, et pourtant il en est auxquels les outrages n'ont pas manqué de la part de certains ecrivains. Il faut donc le reconnaître, l'article 1er de la loi du 25 mars 1822 avait *intentionnellement* pour but unique les intérêts du catholicisme, et la dispositiou relative aux autres religions n'était là, dans l'esprit du pouvoir, qu'une vaine et illusoire démonstration. Or, maintenant qu'il n'y a plus de *religion d'état*, les dispositions protectrices de la *religion d'état* ne doivent elles pas suivre le même sort, et cesser d'être virtuellement. Dès lors, le progrès d'interprétation, si péniblement obtenu jadis, ne doit-il pas faire un pas de plus ? Ne convient-il pas de revenir à la tolérance indifférente du régime impérial sur toutes ces questions d'intérêt religieux, questions pour lesquelles on a massacré et brûlé jadis, emprisonné et ruiné naguère, et auxquelles la raison veut qu'on ouvre enfin le champ d'une libre controverse ? Ne convient-il pas qu'on laisse à chacun la faculté de fronder, même avec amertume ou raillerie, ce qui lui semble odieux ou absurde, sans prétendre fixer la mesure légale de l'indignation et du sarcasme ?

Les abus religieux sont du ressort de la presse comme les abus politiques. Ils intéressent d'autant plus la société, que leur esprit, leur tendance les rendent plus dangereux. C'est en abusant des sacremens, en abusant des mystères sacrés, en abusant des croyances pieuses, c'est avec des prônes, des reliques, des miracles, des processions, des indulgences, qu'on soulève l'Ouest, qu'on agite le Midi, qu'on réveille le fléau de la guerre civile. Détruisez le prestige de ces moyens mensongers, ruinez les ressorts du fanatisme, et vous verrez si les affections politiques suffisent pour maintenir en armes les populations de ces contrées. Le sieur Feutré a donc bien mérité, loin d'être coupable, en coopérant à une tâche si philosophique et si nationale.

Mais, dit-on encore, il n'a pas craint de tourner en dérision les livres où le catholique adore la révélation divine, et qui sont la base de notre religion. — Messieurs, les principes que je viens de développer tout à l'heure me semblent plus que jamais applicables ici. Je ne parlerai pas des falsifications, des interpolations et des fraudes dont les versions que nous possédons des livres saints sont entachées, et qui peuvent autoriser conséquemment une critique indépendante. Mais l'authenticité de toutes leurs pages fût-elle irrécusable, dites s'il n'est pas licite de montrer quel abus on pourrait faire des préceptes dangereux qu'ils contiennent contre les droits et la vie des rois prétendus ennemis de Dieu, c'est-à-dire mal vus de ceux qui prophétisaient en son nom, préceptes en vertu desquels on assassinait sans scrupule les princes rebelles au joug des prêtres, et on égorgeait les populations idolâtres ou peu dociles aux vérités nouvelles annoncées? Qui peut accorder le caractère divin à ces lois barbares de tuer au nom du *Seigneur*, dont les *livres saints* fourmillent :

« Frappez les idolâtres par le glaive, détruisez tout, jusqu'aux « animaux domestiques. (Deutéronome, chapitre XIII.)

« Tuez le vieillard, l'homme, la femme, l'enfant à la mamelle. « (Josué, chapitre XVI.)

« Tuez le père, la mère, l'enfant qui tette, le bœuf, le cheval « et l'âne, etc., etc., etc. (Premier livre des Rois, chap. XV, etc.) »

Je passe sous silence une innombrable quantité de passages où l'atrocité le dispute à l'absurdité, parce que votre esprit, messieurs, en a été souvent aussi révolté que le mien. L'auteur a donc pu sans crime manifester la répugnance et le mépris qu'il éprouvait pour des principes si cruels, si dangereux, si contraires à l'idée que nous devons nous former de l'Être-Suprême, et qui sont l'ouvrage seul de quelques hommes qui, pour arriver à gouverner plus facilement les peuples, ne craignaient pas de se dire inspirés d'en haut.

Sous tous les points de vue, l'accusation d'outrage envers la religion dans son essence, tombe donc devant l'examen approfondi des intentions et des écrits du sieur Feutré.

Nous arrivons maintenant au deuxième chef, celui d'excitation à la haine et au mépris contre le clergé. Sans doute protection est due à toutes les classes de la société, et c'est le devoir de l'autorité d'y veiller avec sollicitude; mais, ainsi que je l'ai dit au commencement, ce n'est pas contre la classe entière des membres du clergé, ainsi qu'il est entendu dans la loi, que le prévenu a dirigé son blâme et ses attaques; c'est, puisqu'il faut le répéter, contre ceux-là seuls qu'indiquait le titre de ses publications, contre les prêtres infectés des doctrines de l'ultramontanisme, contre les soutiens et les complices de cette congrégation dont il peut paraître ridicule de prononcer aujourd'hui le nom, mais dont les plans et les espérances étaient et sont encore si menaçans. Comment ne pas s'étonner des poursuites dont nous sommes l'objet, lorsque nous n'avons fait que nous associer aux reproches que l'autorité elle-même adresse chaque jour avec amertume dans ses journaux aux pontifes de l'Église, dont les écrits et les actes décèlent tant de haine pour nos institutions et l'ordre de choses actuel? Comment ne pas s'étonner de ce qu'on veuille nous punir d'avoir élevé la voix contre les dangereuses prédications des *faiseurs de mandemens*, lorsque nous voyons le ministère s'irriter, et à bon droit, contre ces audacieux mandemens et contre les prétendus martyrs qui font de la chaire un abus si coupable et si révoltant?

Ne nous dissimulons pas, messieurs, quels doivent être les regrets et les vœux du clergé. Il comprend tout ce qu'il a perdu avec ce trône dont il obstruait les degrés, avec cette dynastie dont il était le favori, avec ce monarque dont il avait fasciné les yeux. Tout cet éclat, toutes ces grandeurs, toutes ces richesses dont la restauration le dotait chaque jour, et qu'une insatiable ambition, toujours sure d'obtenir, tendait à accroître immodérément, tout cela s'est évanoui avec la révolution nouvelle; tout cela ne peut ressusciter qu'avec une troisième restauration. C'est donc vers une troisième restauration que tendent les regards, les efforts et les entreprises d'une certaine partie de notre clergé. Que la royauté de 1830 se montre partiale envers lui, qu'elle lui ouvre une main prodigue, qu'elle lui assure ses priviléges, ses honneurs, ses biens passés, qu'elle lui en promette de plus grands encore, et vous verrez fléchir son opposition, diverger ses tendances politiques, s'éteindre son zèle pour la légitimité. Le cas échéant, il se dévouerait à Louis-Philippe comme il se donna à Bonaparte; car les temps changent, mais ses intérêts ni sa conduite n'ont jamais changé.

Jusqu'à ce qu'un tel espoir lui soit rendu, et fasse le ciel que ce ne soit jamais, le gouvernement nouveau doit sans doute s'attendre à trouver au sein du clergé des ennemis implacables et nombreux. Ne pouvant et ne voulant point satisfaire à leurs exigences, il doit combattre avec énergie leurs doctrines et leurs projets. Ce qui importe le plus, c'est de saper leur influence, même en chargeant les couleurs, de les démasquer, de les discréditer même, dans la vuè d'affaiblir leur action politique sur des populations ignorantes et aveuglées. En embrassant cette tâche, le sieur Feutré a donc fait un acte de bon citoyen, et rendu un signalé service. Les deux tableaux incriminés ne produiront aucune excitation contre les prêtres, là où les prêtres ne sont ni intolérans, ni hostiles à l'ordre actuel. Ils seront utiles, ils seront l'auxiliaire des vues et des intérêts du gouvernement, ils seconderont ses actes, ils en faciliteront l'accomplissement aux yeux des citoyens, là où le clergé se montre fanatique et séditieux. Ils tendent à maintenir la paix publique au lieu de la troubler, comme le prétend l'accusation. L'autorité devrait donc les propager, au lieu de les poursuivre. Autrement elle semblerait repousser ses soutiens.

En résumé, ces écrits contiennent dans un cadre étroit l'histoire des maux et des crimes qu'ont causés l'ambition, le fanatisme, les intrigues du clergé catholique dans les temps passés, ainsi que l'exposé des abus et des sottises introduits sous le manteau de la vraie] religion. Frappé de ces tableaux, l'auteur a tiré des conséquences, peut-être trop générales *dans les termes*, contre le catholicisme et le clergé romain. Mais, de son côté, l'accusation a trop limité son examen. Elle a oublié les prémisses pour ne s'occuper que des inductions.

Pourquoi n'a-t-elle pas incriminé les attaques du prévenu contre l'influence du clergé sur l'esprit des rois? C'est que l'exemple désastreux de Charles X était là pour démontrer l'à-propos de ces accusations. Qu'on n'oublie donc pas non plus les abus, les sottises, les intrigues commises depuis quinze ans sous le voile de la religion. Qu'on n'entrave pas les efforts faits contre le retour de ces malheurs; qu'on laisse les bons citoyens poursuivre la noble tâche des *Lachalotais*, des *Montlosier*, et flétrir, comme eux, des doctrines et des hommes funestes, surtout dans des temps de crise comme celui-ci.

Laissez la religion se défendre elle-même, et se soutenir seule en s'épurant; lorsque le trône s'appuyait sur le droit divin, lorsque les doctrines du catholicisme ultramontain étaient la base du pouvoir royal, alors ce pouvoir avait intérêt de maintenir intacts ses étais, et de les préserver de toute atteinte, car la ruine des uns devait être la ruine de l'autre. Mais lorsque le pouvoir se fonde sur d'autres élémens, lorsqu'il s'appuie sur d'autres intérêts, lorsqu'il doit son origine, non à des doctrines surannées, mais à la volonté des peuples, au discernement éclairé des esprits, il n'a pas besoin de se faire le champion de l'église et le hallebardier du clergé, car le dogme du trône de 1830 n'est point religieux, mais politique, et Louis-Philippe n'est pas l'oint des prêtres, mais l'élu du peuple.

RÉPLIQUE.

Il ne vous a pas échappé, Messieurs, avec quelle habileté le ministère public avait transporté l'intérêt de la poursuite sur les *personnes*, en faveur desquelles il vous a demandé efficacité de protection, en glissant sur ce que la question religieuse elle-même présentait d'anachronisme et d'inopportunité. Que M. l'avocat-général ne s'offense pas de cette observation; car je n'entends pas ici par habileté, l'art d'abuser la raison par des subtilités oratoires que désavouerait la conscience, mais cette faculté puissante de l'esprit, qui s'allie très-bien avec la conscience, et qui nous fait voir avec justesse le point faible d'une question. Touché de la remarque que j'avais déjà faite, le ministère public vient, en répliquant, de vous déclarer qu'il n'avait jamais entendu déserter le premier chef de la prévention, et qu'à ses yeux, le sieur Feutré était coupable, même sous l'empire des principes nouveaux, d'avoir parlé, avec dérision et sarcasme, des *choses de la religion.* Il a essayé de réfuter la proposition que j'avais soutenue, savoir, qu'en présence d'une *liberté vraiment libre,* il était licite, autant que naturel, d'attaquer, sans ménagemens, ce qui n'en méritait pas. Il a invoqué les droits de conscience de plusieurs millions de catholiques français, blessés, a-t-il dit, dans leur foi et leurs affections pieuses, par les vives censures et les railleries prodiguées aux objets de leur culte. Eh! Messieurs, êtes-vous solidaires des susceptibilités qui vous entourent? Avez-vous reçu la mission, comme jadis la Sorbonne et les Parlemens, de soutenir par des arrêts la sottise humaine contre les progrès de la philosophie et de la raison? Et s'il y a des millions de catholiques voués à de superstitieuses erreurs, emmaillottés dans un stupide bigotisme, livrés à des pratiques aussi stériles que ridicules, défendrez-vous à un homme d'esprit et de sens de rire à pareil spectacle, de s'indigner d'une telle dégradation, de déplorer avec énergie cet exploitation mystique des simples par les habiles? Vous tous qui avez gémi de voir la religion retouchée et défigurée par la main des hommes, étouffée sous des symboles parasites ; vous qui voudriez la voir sortir, dans sa beauté et sa grandeur originelles, du domino grotesque dont l'ignorance et les passions l'ont affublée, puniriez-vous celui qui n'aura eu d'autre tort que de n'avoir pas su se contenir à la vue d'un travestissement si indigne, et qui aura sifflé une insultante parodie ? Quoi ! l'on permet de critiquer ce qui est dangereux et ridicule, et l'on veut interdire l'arme du *ridicule*, si puissante parmi nous pour le bien comme pour le mal ! On veut que nous traitions chapeau bas ce que nous méprisons ! Serait-il donc admis, que l'on peut aujourd'hui tout fronder en France, tout.... excepté les abus religieux, parce qu'ils intéressent la croyance de plusieurs millions de citoyens? Mais n'y a-t-il pas d'autres questions qui excitent d'aussi fortes sympathies dans des millions de cœurs ? La légitimité est aussi, pour beaucoup, un culte, un dogme de foi politique, je dirai presque un article de foi religieuse ; eh bien ! faudra-t-il que je m'abstienne d'en rire ? que je m'interdise l'ironie en attaquant les principes et les actes des légitimistes, de peur de blesser leurs consciences et de heurter leurs convictions ? Admirables ménagemens, que ne connaissaient pas les trois derniers siècles, temps où la controverse était rude, passionnée, injurieuse, et où l'attaque s'échangeait à coups d'in-folios pleins de fiel et de sarcasme. Liberté de querelles religieuses ! liberté des armes de la critique, à charge de revanche ! le public seul *juge du camp !* Voilà ce que tous les bons esprits demandent, ce que vous consacrerez, Messieurs.

Ceci posé, me faut-il encore revenir sur un point de fait que le ministère public a contredit avec insistance ? J'avais cité un passage des ouvrages incriminés, pour prouver que le sieur Feutré n'avait attaqué que les abus du culte, en professant un respect sincère pour le fond de la religion. M. l'avocat-général s'est écrié que ces phrases isolées que j'avais découvertes à grand' peine, ne pouvaient être regardées comme un antidote suffisant au poison contenu dans le surplus de la publication, parce qu'elles devaient rester inaperçues dans la vaste étendue de l'ensemble. Inaperçues ! Pourquoi ? Si vous dites que cette publication est si dangereuse, c'est apparemment que vous pensez qu'elle sera lue... Eh bien! qui lira verra, et l'antidote sera digéré aussi bien que le poison, puisque poison vous l'appelez.

Que sera-ce donc, si cette profession des principes de l'auteur, si spontanée et si franche, que le ministère public me défiait tout à l'heure en quelque sorte de rencontrer ailleurs que dans le court passage déjà cité, je la trouve plus explicite encore et plus développée dans un autre endroit de l'ouvrage, au début, pour ainsi dire, et à la portée de tous les regards! Écoutez de nouveau, Messieurs, c'est l'auteur qui va se révéler tout entier à vous :

« La vraie religion, dit-il, aussi douce que sage, et aussi utile que simple, impartiale entre le pauvre et le riche, comme envers le protestant et le mahométan, l'israélite et le catholique, etc., reconnaît pour ses véritables pasteurs ces hommes vénérables, dévoués aux progrès des lumières, et livrés tout entiers à l'exercice de la saine morale, qui fixe sa prééminence sur tant de superstitions dont les hommes sont infectés. Fortifions par notre respect ces honorables citoyens aussi indulgens qu'éclairés, et saluons, par de sincères hommages, leur piété bienfaisante et incorruptible; mais dévoilons et combattons, non avec le poignard d'une main et le crucifix de l'autre, mais par la raison, la persuasion et la conviction, ces audacieux et fanatiques descendans d'Ignace, dont la plupart n'ont en partage, etc. »

Après la lecture de ces lignes, qu'ai-je besoin d'ajouter pour la défense? Ne combattent-elles pas, comme une arme à double tranchant, les deux chefs de la prévention? Ne répondent-elles pas merveilleusement, non-seulement à la première, mais aussi à la deuxième accusation, celle d'avoir excité la haine et le mépris contre la classe entière du clergé? Vous en êtes maintenant convaincus, Messieurs, et si le ministère public eût pris la peine de lire, d'un bout à l'autre, les textes qu'il voulait poursuivre, nul doute qu'il n'eût cédé à la même conviction. D'ailleurs il faudrait (car cette loi de 1822, qu'on invoque contre nous, le dit expressément), il faudrait que le sieur Feutré eût *cherché* à troubler la paix publique par sa publication. C'est donc une *intention* qu'on devrait établir d'abord, puisque l'intention constitue la moralité des actes, et qu'il n'y a pas criminalité, là où il n'y a pas intention criminelle.

Je passe sur les divers griefs de détail que l'organe du ministère public, vient de reproduire avec une nouvelle insistance; car ce sont les parties d'un tout dont j'ai l'espoir que vous appréciez désormas le néant.

Il en est un toutefois que je dois relever, parce que le ministère public y a trouvé le motif d'une analogie spécieuse et d'un mouvement oratoire, qui me semblent tout-à-fait manquer de justesse. Citant cette cette phrase où l'auteur dit (dans un sens que j'ai prouvé n'être pas général et absolu) : « *Que les prêtres font de la religion métier et marchandise.* » M. l'avocat-général s'est écrié : « Eh quoi! « si l'on élevait de pareilles accusations contre les magistrats; si on « les poursuivait de cette odieuse imputation, qu'il font de la jus- « tice métier et marchandise, est-ce que ces indignes outrages res- « teraient sans répression? »

Eh! Messieurs, pourquoi un tel langage contre la magistrature serait-il une calomnie? c'est qu'effectivement elle distribue et ne vend pas la justice. Mais remarquez bien qu'il y a cinquante ans, ce même langage eût été virulent mais non mensonger; car, en un sens, on pouvait fort bien dire que des magistrats, qui recevaient des *épices* pour rendre leurs sentences, faisaient de la justice métier et marchandise. Pourquoi au contraire cette boutade à l'égard des prêtres, même en général, n'est-elle ni une calomnie ni nn outrage, dans l'acception légale des termes? C'est qu'elle est vraie, puisque le clergé vend, dans une foule de cas, son intervention et ses prières, et qu'on ne peut, sans payer, obtenir une messe ou accomplir les actes religieux les plus importans de la vie et de la mort.... On ne me forcera pas sans doute de rappeler à cette occasion des scènes trop scandaleuses et trop récentes, dont je suis heureux d'ailleurs de reconnaître qu'une grande partie du clergé n'accepte pas la solidarité.

Ainsi, Messieurs, s'évanouit, devant une discussion et des explications franches, cet échafaudage de griefs dont la religion et ses ministres devaient, disait-on, obtenir réparation sévère. La religion, je l'ai plaidé plus d'une fois, n'a pas besoin du bouclier des lois humaines. C'est en elle-même que réside sa faiblesse ou sa force; c'est de ses propres élémens que sortira son triomphe ou sa ruine. Son avenir est hors de notre puissance. Comme un vaisseau, battu par la tourmente, jette à la mer tout ce qui le surcharge et compromet son salut, qu'ainsi le catholicisme se dégage de l'attirail exubérant qui le dépare et qui l'entrave; et revenu à ses symboles primitifs, à ses formes simples, touchantes et expressives, il verra se briser long-temps contre lui le flot inconstant des croyances humaines.

Quant à ses ministres, si des préventions, justifiées à l'égard d'un certain nombre, ont tendu trop souvent à confondre les bons avec les mauvais, qu'ils en accusent le vice même de leur institution actuelle. Il est dans la nature de tout grand corps politique ou religieux, que chacun de ses membres aspire sans cesse de tous ses moyens à l'accroissement des richesses, de l'influence et de l'éclat de l'association, car les richesses, l'influence, l'éclat du corps rejaillissent sur tous et chacun de ceux qui le composent. Que sera-ce si les membres de ce corps sont isolés de tout autre intérêt que les siens; si leur affiliation les retranche en quelque sorte de la cité, pour les vouer à des liens exclusifs; si les conditions amères de leur existence doivent les rendre hostiles aux affections, aux jouissances, aux avantages de la société générale! Ne vous étonnez pas alors si la défiance, la prévention s'attachent à ces hommes, de qui l'on croit ce que l'on craint, et dont on pense que la vertu serait trop sublime, si elle dominait tout à fait les penchans qui doivent nécessairement découler de leurs intérêts et de leur condition.

Rendez aux prêtres les liens, les affections, les joies de la famille, et vous recouvrerez des citoyens, et vous ferez taire, mieux que par des procès, les préventions, injustes peut-être et rationnelles tout à la fois, qui les poursuivent.

Paris.—Imprimerie de Auguste Mie, rue Joquelet, n° 9, place de la Bourse.

www.ingramcontent.com/pod-product-compliance
Ingram Content Group UK Ltd.
Pitfield, Milton Keynes, MK11 3LW, UK
UKHW021018220726
13924UKWH00001B/52